ÎMBUNĂTĂȚIȚI-VA AFACEREA PRIN KAIZEN

Schimbări mici, recompense mari

50MINUTES.com

ÎMBUNĂTĂȚIȚI-VA AFACEREA PRIN KAIZEN

Schimbări mici, recompense mari

scris de Antoine Delers
tradus de Alina Dobre

ÎMBUNĂTĂȚIȚI-VĂ AFACEREA PRIN KAIZEN

INFORMAȚII CHEIE

- **Nume:** Kaizen, îmbunătățire continuă, îmbunătățire incrementală.

- **Utilizări:** Această abordare este utilizată în principal în afaceri și are ca scop îmbunătățirea calității producției pe o linie de producție prin efectuarea unor mici modificări ale metodei de lucru. De asemenea, poate fi transferată în viața de zi cu zi, deoarece permite îmbunătățiri mici și necostisitoare.

- **De ce are succes?** Kaizen, care poate implica toate serviciile și toți angajații unei companii, și-a dovedit eficiența, deoarece permite utilizatorilor să îmbunătățească productivitatea și calitatea produselor prin reducerea timpilor de așteptare și optimizarea procesului de producție. Pe o scară mai largă, îmbunătățește condițiile de lucru din cadrul companiei.

- **Cuvinte cheie:**

  - <u>Îmbunătățirea continuă</u>: Acest concept este posibil prin utilizarea unor instrumente și metode din ce în ce mai eficiente și mai bine adaptate la activitatea companiei. Aceste instrumente și metode sunt revizuite și optimizate în mod constant, ceea ce duce la mici schimbări și la noi bune practici.

- _Managementul Lean_: O metodă japoneză de gestionare a muncii care are ca scop reducerea risipei (_muda_), a supraîncărcării muncii cauzate de procese inadecvate (_muri_) și a inconsecvenței (_mura_) într-o companie.

- _Sistemul de producţie Toyota_: O metodă japoneză de organizare generală a muncii care are ca scop maximizarea calităţii, reducerea defectelor și a risipei și iniţierea unei îmbunătăţiri continue în cadrul întreprinderii. Acest tip de organizare a muncii include producţia fără costuri și Kaizen.

INTRODUCERE

Kaizen a apărut pentru prima dată în Japonia în anii '50, când un inginer, Taiichi Ohno (1912-1990), a creat Sistemul de producţie Toyota, un tip de organizare a muncii bazat pe reducerea costurilor și pe îmbunătăţirea productivităţii și a calităţii produselor. Sistemul de producţie Toyota include o serie de instrumente pentru a atinge obiectivele de calitate, rentabilitate și reducere a costurilor stabilite anterior. Printre acestea se numără producţia just-in-time și Kaizen.

DEFINIREA MODELULUI

Kaizen este o abordare care implică o îmbunătăţire continuă și care poate fi aplicată la o linie de producţie. Din cuvintele japoneze _Kai_, _care înseamnă_ "schimbare", și _Zen_, care înseamnă "bun" sau "mai bun", Kaizen se bazează pe adaptarea constantă a instrumentelor și procedurilor existente pentru a îmbunătăți producția finală. Această abordare, care necesită participarea tuturor angajaților și managerilor, este considerată mai degrabă o stare de spirit decât o metodă reală. Ea înglobează mai multe alte instrumente care pot fi utilizate împreună, cum ar fi PDCA, Managementul calității totale și Schimbul de un minut sau Moarte.

Kaizen își are originea în Asia și marchează o ruptură cu sistemul occidental, în sensul că vizează mai degrabă mici îmbunătățiri decât inovații majore. Schimbările implicate sunt mici și continue și, prin urmare, nu necesită investiții substanțiale. Această abordare este aplicată în principal în organizațiile în care există o cultură a apartenenței, ceea ce este tipic pentru companiile japoneze. În astfel de companii, toată lumea, de la directorul general până la lucrătorii obișnuiți, împărtășește aceeași loialitate și sentiment de apartenență față de compania lor. În consecință, aceștia se străduiesc să își desfășoare activitatea cât mai bine posibil și, prin urmare, să o îmbunătățească în mod constant; acest concept de muncă a contribuit la succesul uriaș al companiei Toyota.

TEORIE

ORIGINI

La sfârșitul celui de-al Doilea Război Mondial (1939-1945), Japonia a fost devastată, iar economia sa era în ruină. Sistemul său, care se bazase anterior pe cucerirea teritorială și pe puterea armatei sale, își pierduse relevanța. Japonia a decis să folosească producția pentru a-și revigora economia.

Un inginer de la acea vreme, Taiichi Ohno, a propus o nouă metodă de organizare a muncii și a stabilit principiile de bază ale acesteia. Această metodă a devenit cunoscută sub numele de Sistemul de producție Toyota, după numele companiei în care a fost introdusă pentru prima dată. Acest sistem este considerat a fi o îmbunătățire a taylorismului și a fordismului, două metode americane de organizare a muncii care promovează mai degrabă îmbunătățirea decât inovarea.

Originalitatea Kaizen constă în implicarea generală a întregii companii, de la angajați până la procedurile necesare pentru fabricarea produselor. Fiecare membru ar trebui să participe la punerea în aplicare a elementelor care au ca scop îmbunătățirea companiei, care au fost definite în prealabil. Kaizen implică adesea împuternicirea unor grupuri mici de lucrători care se reunesc pentru a identifica problemele recurente și pentru a găsi soluții la acestea. De asemenea, se sugerează înființarea unor "cutii de sugestii" (de exemplu, o cutie poștală amplasată în fabrică) pentru a permite angajaților să își ofere opiniile, să evidențieze diferitele probleme existente și să sugereze soluții. În cazul în care o idee este considerată relevantă, aceasta va face obiectul unui proiect încredințat unei echipe însărcinate cu implementarea noilor practici.

În cele din urmă, trebuie amintit faptul că, așa cum indică traducerea sa, Kaizen trebuie să fie repetat în mod constant pentru a funcționa bine. Acesta nu necesită investiții mari și produce doar mici îmbunătățiri care, optimizate de-a lungul anilor, permit companiei să rămână competitivă și să caute îmbunătățirea continuă.

INSTITUTUL KAIZEN

Institutul Kaizen este o firmă de consultanță în domeniul metodologiei Kaizen, înființată la mijlocul anilor 1980. Aceasta ajută și ghidează companiile care doresc să-și îmbunătățească performanța. În acest fel, sprijină clienții în proiectele lor de îmbunătățire continuă, dezvoltând și publicând în același timp resurse despre noi aspecte ale metodei.

APLICAȚII ÎN AFACERI

În momentul în care Kaizen este aplicat în grupuri de lucru, acesta devine un adevărat proiect de echipă: sunt instituite cutii de sugestii și întâlniri săptămânale, iar metoda sugerează, de asemenea, oferirea de recompense angajaților care vin cu cele mai bune idei. Cu toate acestea, trebuie avut în vedere faptul că Kaizen nu este o metodă de sine stătătoare, deoarece trebuie combinată cu alte instrumente pentru a funcționa.

Kaizen este utilizat în:

- **Managementul calității.** Acesta vizează îmbunătățirea calității pe linia de producție, care este esențială pentru a rămâne în fața concurenților și pentru a fideliza clienții. În managementul calității totale (TQM), utilizat prin abordarea Kaizen, toți angajații sunt implicați pentru a obține o calitate aproape perfectă, cunoscută sub numele de zero defecte. Se urmărește îmbunătățirea continuă a rezultatelor, chiar dacă instrumentul inițial este deja eficient.

 ## CE ESTE METODA ZERO DEFECTE?

Metoda zero defecte susține calitatea totală a produselor, fără defecte. În realitate, zero defecte nu este niciodată complet realizabil. Adevăratul scop este de a dezvolta o cultură în care angajații caută în mod constant o modalitate de a se apropia de perfecțiune. Acest concept face el însuși parte dintr-unul mai larg: cele 5 zerouri, și anume zero timp, zero hârtie, zero stoc, zero defecte și zero eșecuri.

- **Îmbunătățirea productivității.** Kaizen poate fi aplicat și la nivelul creșterii productivității. Un lanț de producție poate include blocaje în diverse locuri, posturi neproductive sau linii de producţie prea lente. În astfel de cazuri, pot fi utilizate mai multe instrumente. SMED (Single-Minute Exchange of Die), derivat din sistemul de producţie Toyota, este unul dintre ele: urmăreşte să reducă timpul petrecut pentru schimbarea calibrului şi a sculelor pentru fabricarea unui alt produs. Acest lucru are ca rezultat o abordare Kaizen, deoarece îmbunătăţirea productivităţii implică o reflecţie profundă împărtăşită în cadrul echipelor, pentru a analiza şi raţionaliza operaţiunile de acest tip. Se poate utiliza şi un alt instrument, numit producţie just-in-time (JIT). Cu această metodă, fiecare produs neterminat ar trebui să fie finalizat şi fiecare piesă ar trebui să ajungă la momentul potrivit şi în punctul potrivit pe linia de producţie. Acest lucru previne oprirea producţiei în cazul absenţei pieselor şi evită lăsarea unor cantităţi mari de piese în aşteptarea fabricării.

- **Îmbunătăţirea condiţiilor de muncă.** Kaizen permite îmbunătăţirea condiţiilor de lucru pentru lucrători şi angajaţi, în special prin optimizarea mediului lor profesional. Aceasta este strâns legată de aplicaţiile anterioare, deoarece modificările aduse posturilor de lucru influenţează adesea – şi îmbunătăţesc – productivitatea şi calitatea. În plus, această abordare permite întreprinderilor să îşi motiveze mai bine echipele şi să reducă riscul de accidente. Metoda 5 S răspunde acestei preocupări, deoarece poate fi aplicată direct la locurile de muncă ale angajaţilor: *Seiri* ("sortează"), *Seiton* ("pune în ordine"), *Seisou* ("străluceşte"), *Seiketsu* ("standardizează") şi *Shitsuke* ("susţine").

- **Reducerea costurilor.** Ultima aplicaţie a Kaizen se referă la reducerea costurilor de producţie. Ea este rezultatul îmbunătăţirilor obţinute datorită uneia dintre cele trei aplicaţii ale metodei menţionate anterior.

AVANTAJE

Kaizen are multe avantaje. Pe lângă cele menţionate anterior, care constituie esenţa abordării Kaizen, şi anume îmbunătăţirea calităţii, a productivităţii şi a condiţiilor de lucru, metoda are şi alte puncte forte.

- Utilizarea Kaizen permite implementarea fără probleme a schimbărilor în cadrul echipelor. Membrii unei companii nu sunt supuşi unei presiuni excesive în legătură cu schimbările, deoarece iniţiativa acestor modificări vine în mare parte de la lucrătorii înşişi. Prin urmare, acestea sunt acceptate mai uşor, iar angajaţii, simţindu-se apreciaţi, sunt mai motivaţi să le pună în practică.

- Îmbunătăţirile aduse posturilor de lucru sporesc motivaţia echipelor implicate. Această nouă explozie de entuziasm poate fi transmisă datorită unei noi sesiuni de reflecţie asupra îmbunătăţirii Kaizen. Kaizen presupune o îmbunătăţire "continuă", ceea ce presupune ca reflecţiile pentru perfecţionarea proceselor şi produselor să se desfăşoare în fiecare zi.

- Kaizen oferă rezultate rapide. Echipele, care testează direct micile îmbunătăţiri, verifică mai rapid relevanţa acestora, astfel încât riscul implicat în implementarea unei noi maşini sau a unui nou software este foarte scăzut.

- În cele din urmă, Kaizen poate răspunde concurenţei şi, prin urmare, cererii de competitivitate în cadrul companiilor, fără a utiliza resurse semnificative sau investiţii uriaşe.

> *"Să te îmbunătăţeşti înseamnă să te schimbi; să fii perfect înseamnă să te schimbi des."*
> *(Winston Churchill)*

APLICAȚIE PRACTICĂ

Cunoscute sub denumirea colectivă de "proiect Kaizen", diferitele faze de implementare ale procesului sunt posibile prin utilizarea unor instrumente legate de Kaizen și care provin din Sistemul de producție Toyota (TPS). În timp ce majoritatea acestora au fost deja menționate, altele vor contribui la punerea în aplicare a proiectului prezentat mai jos.

Un proiect Kaizen este un ciclu unic și foarte scurt de îmbunătățire, care trebuie repetat în mod continuu odată finalizat. Durata poate varia de la câteva zile până la o lună de lucru, în funcție de complexitatea îmbunătățirilor și implementărilor dorite. Din acest motiv, fiecare proiect trebuie să urmeze rapid un altul și este posibil ca mai multe proiecte să se desfășoare în același timp.

ETAPA 1: ANALIZA PRELIMINARĂ

În această primă etapă, se realizează o analiză preliminară a situației, cu scopul de a evidenția punctele de îmbunătățire. Acestea pot fi, bineînțeles, una dintre problemele descrise mai sus, dar nu se limitează la acestea; Kaizen se concentrează pe optimizarea procedurilor, chiar dacă acestea par să funcționeze bine, pentru a le face și mai eficiente. Pentru a identifica cauzele care îi împiedică pe membrii echipei să atingă o calitate cu zero defecte, poate fi oportună utilizarea diagramei Ishikawa, așa cum este ilustrată mai jos:

DIAGRAMA ISHIKAWA

Diagrama Ishikawa, denumită și diagrama cauză-efect, diagrama 5 Ms sau diagrama Fishbone, este un instrument de management al calității introdus de Kaoru Ishikawa la scurt timp după cel de-al doilea război mondial. Aceasta oferă o reprezentare vizuală a cauzelor principale ale unei probleme în cinci ramuri: material, metodă, Mama Natură, mașină și forță de muncă.

După ce au fost identificate cauzele și domeniile de îmbunătățire, este necesar să se realizeze un studiu detaliat al situației actuale (folosind măsuri, cifre de referință etc.) pentru a o compara cu rezultatele obținute după schimbare. Este extrem de important să se verifice dacă îmbunătățirile aduse procedurilor au succes, chiar dacă câștigul poate fi uneori minim. În funcție de obiectivul urmărit, pot fi măsurate următoarele:

- **Durata unei proceduri.** În acest caz, se poate studia timpul necesar pentru fabricarea unui produs sau pentru livrarea unui produs sau serviciu (de exemplu, o masă într-un restaurant).

- **Cantități produse.** Aici se pune accentul pe numărul de produse fabricate. Această măsură este calculată pe intervale de timp bine definite.

- **Ratele de satisfacție.** Fie că este vorba de angajați în munca lor, de clienți în legătură cu comenzile lor sau de orice altă parte interesată în proces, satisfacția este măsurată înainte și după proiectul Kaizen.

- **Respinge.** Aceasta reprezintă rata de risipă și numărul de produse aruncate (produse cu defecte de proiectare care sunt depășite sau care au fost deteriorate în timpul fazei de proiectare).

- **Cost.** Aici se analizează prețul de cost al unui produs.

În cele din urmă, se implementează un plan operațional al proiectului Kaizen. Având în vedere intervalul scurt de timp dintre începutul și sfârșitul Kaizen – deoarece trebuie finalizat relativ repede – această activitate poate fi redusă la minimum (în unul sau mai multe departamente sau linii de producție). Acest lucru poate fi comparat cu metodele agile de dezvoltare și de gestionare a proiectelor, care constau într-o succesiune de cicluri foarte scurte, care se succed la intervale scurte și care oferă o privire rapidă asupra rezultatelor intermediare. În consecință, anumite etape ale proiectului, cum ar fi întocmirea detaliată a planului Kaizen, pot fi considerate inutile și prea consumatoare de timp pentru a fi utilizate.

ETAPA 2: ALEGEREA ECHIPELOR DE LUCRU ȘI A CERCURILOR DE CALITATE

A doua etapă a proiectului Kaizen are ca scop formarea și pregătirea echipelor care vor lucra la proiect. Deși toți angajații trebuie să fie cel puțin într-o oarecare măsură implicați în procesul de îmbunătățire, este esențial desemnarea unei echipe de proiect responsabilă de buna desfășurare a proiectului.

Filozofia Kaizen presupune că angajații care lucrează direct la linia de producție și la produs vor participa la proiect, deoarece aceștia sunt cei mai implicați membri și adesea cunosc cel mai bine detaliile muncii lor. Întrucât aceștia sunt cei mai în măsură să găsească idei de îmbunătățire, ei vor atinge eficient obiectivele Kaizen, și anume găsirea rapidă a unor modalități de perfecționare a procesului pentru a genera cât mai puține costuri. Unii ar putea prefera să folosească echipe de consultanți și ingineri externi pentru a îmbunătăți eficiența, dar acest lucru nu corespunde deloc mentalității Kaizen.

Ca atare, se numește o echipă de proiect care este instruită în domeniul gestionării personalului și al managementului schimbării. Echipa va fi responsabilă pentru realizarea cu succes a proiectului Kaizen prin organizarea de cercuri de calitate, adică grupuri de angajați care se reunesc pentru o sesiune de brainstorming pentru a propune și a discuta idei de îmbunătățire a procedurilor. În acest sens, se poate utiliza o hartă mentală pentru a le prezenta gândurile și soluțiile propuse într-un mod vizual și simplu.

ETAPA 3: PUNEREA ÎN APLICARE ȘI CALCULAREA REZULTATELOR

Al treilea pas este implementarea proiectului Kaizen. Echipele aplică în mod direct schimbările necesare pentru a îmbunătăți procedurile. Ca și primele două, această etapă este foarte rapidă, deoarece schimbările implicate sunt adesea mici.

Aceasta este urmată de o reevaluare a măsurilor colectate anterior (în timpul primei etape). Este important să se măsoare evoluția și impactul schimbărilor și, eventual, să se adapteze. Se poate crea un grafic al schimbărilor pentru a compara cu ușurință rezultatele schimbărilor implementate cu ceea ce a fost planificat inițial.

ETAPA 4: FEEDBACK

După ce au fost aduse îmbunătățirile, este timpul pentru feedback. Echipa se reunește din nou și evaluează rezultatul general pe baza rezultatelor observate. De asemenea, trebuie luate în considerare două puncte cruciale:

- **Recompense pentru cel mai bun angajat.** Este important să indicați și să felicitați angajații care au avut cele mai bune contribuții. Ideea este de a motiva echipele să revină în ciclul Kaizen, încurajându-i să se depășească continuu, atât pentru a-și îmbunătăți activitatea, cât și pentru a se simți apreciați la nivel profesional.

- **Managementul schimbării.** Echipa responsabilă de succesul proiectului trebuie să comunice și să îndrume angajații, astfel încât aceștia să dispună de toate elementele necesare pentru ca implementarea să fie un succes.

 # MANAGEMENTUL SCHIMBĂRII

Managementul schimbării cuprinde toate practicile manageriale care permit monitorizarea și comunicarea optimă a schimbărilor din cadrul unei companii, la toate nivelurile ierarhice. Acest sprijin este esențial pentru a permite tuturor să accepte noile schimbări. Trebuie reamintit faptul că, în cazul Kaizen, echipele însele au participat la îmbunătățiri; prin urmare, acestea vor accepta mai ușor schimbările.

INSTRUMENTE ȘI METODE CHEIE ÎN KAIZEN

Există multe instrumente și metode care pot fi utilizate în cadrul abordării Kaizen. Ne vom limita aici la cele care provin din sistemul de producție Toyota în general.

- **SMED** (Single Minute Exchange of Die) este un instrument de analiză a modificărilor în calibrare sau în scule. Acesta permite utilizatorilor să studieze timpul necesar pentru schimbarea sculelor pentru fiecare fază de producție și să îl limiteze la maximum 10 minute (termenul "un singur minut" înseamnă "o perioadă de timp în minute compusă dintr-o singură cifră", de exemplu, între unu și nouă minute). Obiectivul este producerea de produse sau materiale diferite – cu caracteristici diferite, în special în ceea ce privește dimensiunile – continuând să se utilizeze același utilaj care, prin urmare, va trebui să fie recalibrat.

- **Metoda celor 5 S,** care implică *Seiri* ("sortare"), *Seiton* ("așezare în ordine"), *Seisou* ("strălucire"), *Seiketsu* ("standardizare") și *Shitsuke* ("susținere"), permite utilizatorilor să gestioneze mai bine atelierele, spațiile de lucru și pauzele angajaților. Scopul este de a organiza mai bine spațiul profesional pentru a îmbunătăți condițiile de lucru ale echipelor.

- **Kanban** este un termen japonez care desemnează o etichetă aplicată pe un lot de piese pe o linie de producție, care revine la punctul de plecare după ce toate piesele sunt folosite. Acest instrument este utilizat într-un flux de producție "împușcat", ceea ce înseamnă că producția este fie în așteptare, fie repornită ("împușcată") odată ce toate piesele trimise anterior au fost utilizate datorită Kanban.

- **PDCA (**Plan, Do, Check și Act) este o metodă ciclică de îmbunătățire a calității, precum Kaizen.

- **TQM (Total Quality Management)** este un concept de management al calității care are ca scop implicarea tuturor membrilor companiei în căutarea calității, prin evitarea risipei și a rebuturilor, pentru a ajunge la zero defecte.

- **TPM (Total Productive Maintenance – Întreținere productivă totală)** este o metodă proactivă de gestionare a instrumentelor de lucru în linia de producție, care încurajează lucrătorii să anticipeze și să rezolve singuri problemele legate de mașinile pe care le folosesc.

- **Producţia just-in-time (JIT)** este o metodă de gestionare a producţiei care favorizează un sistem de organizare în care nicio piesă (necesară pentru producţia unui produs viitor) nu este stocată în avans. Mai degrabă, fiecare piesă ajunge la locul de proiectare, în locul şi la momentul potrivit, astfel încât să poată fi utilizată imediat. Această tehnică, care se combină deosebit de bine cu metoda Kanban, permite utilizatorilor să reducă stocurile, deoarece producţia începe doar atunci când există cerere.

- **Cele 5 zerouri** este un concept de management al calităţii dezvoltat de Toyota. Acesta susţine calitatea totală într-o linie de producţie (zero timp, zero hârtie, zero stocuri, zero eşecuri şi zero defecte).

RECOMANDĂRI

- Întrucât acesta este un proces continuu, se recomandă să nu vă opriţi după ce se fac primele modificări, ci să puneţi în mod constant sub semnul întrebării procedurile stabilite.

- Deoarece toţi angajaţii trebuie să participe la proiectele de îmbunătăţire continuă, conducerea trebuie să se asigure că aceştia sunt motivaţi. Acest lucru depinde în special de cultura companiei, astfel încât angajaţii trebuie monitorizaţi îndeaproape, atât de către managerii ierarhici, cât şi de către departamentul de resurse umane.

- Deoarece managerii şi echipele de proiect trebuie să se asigure că toată lumea participă şi rămâne motivată, aceştia ar trebui să fie instruiţi în Kaizen, în managementul echipei, în gestionarea discuţiilor de grup şi în conducerea cercurilor de calitate.

- Deoarece este important să se stabilească obiective clare şi realizabile, este vital să le măsurăm cu atenţie înainte şi după schimbare.

- Întrucât obiectivul este de a maximiza rezultatele, ar putea fi utilă implicarea unor lucrători cu competenţe diferite, astfel încât fiecare să îmbogăţească discuţiile prin împărtăşirea propriei expertize.

STUDIU DE CAZ: DELICIUL DIN TOKYO

Studiul nostru se concentrează asupra unui restaurant japonez stabilit în centrul oraşului, The Tokyo Delight. Este o mică afacere de familie, cu o atmosferă japoneză liniştită, care oferă mâncăruri la domiciliu sau la pachet. Restaurantul este deschis de câţiva ani şi nu are probleme financiare semnificative, dar s-a confruntat cu unele dificultăţi recurente, în special în bucătării. Unii asistenţi nu sunt pe deplin mulţumiţi de munca lor şi se plâng, printre altele, de atmosfera proastă de acolo. Deocamdată nu au fost luate măsuri pentru a rezolva această problemă, deoarece managerii consideră că toate restaurantele suferă de acest tip de probleme. Fiul managerului, care aspiră să preia restaurantul în câţiva ani, doreşte să rezolve problemele şi să îmbunătăţească funcţionarea localului cât mai repede posibil.

Kaizen se potriveşte perfect acestei situaţii, deoarece implică corectarea unor mici probleme existente într-o afacere de familie care funcţionează bine în general.

Etapa 1: Analiză preliminară a "The Tokyo Delight

Vom începe prin a analiza problemele cu care se confruntă instituţia. Datorită diagramei Ishikawa, managerii pot identifica cauzele şi le pot clasifica.

Odată ce principalele probleme sunt identificate, proiectul Kaizen poate fi lansat. Managerii speră să rezolve cât mai multe probleme, cu scopul de a îmbunătăţi satisfacţia angajaţilor, care are un impact asupra satisfacţiei clienţilor. De exemplu, lipsa de spaţiu (identificată în timpul elaborării diagramei Ishikawa) provoacă aglomeraţie în bucătărie, ceea ce, la rândul său, duce la timpi de aşteptare mai lungi pentru clienţi. Echipa de ospătari este obligată să joace la timp în timpul aşteptării clienţilor, ceea ce sporeşte periodic tensiunea generală.

Al doilea pas este de a măsura, cantitativ şi calitativ, problemele actuale pentru a putea compara datele ulterior. Nu totul este acoperit aici, deoarece problema chiuvetelor înfundate, de exemplu, nu poate fi măsurată.

În cele din urmă, se elaborează un plan operaţional pentru proiectul Kaizen. În acest caz, acesta este limitat la o săptămână:

- **Ziua 1:** Analiză preliminară, calcularea ofertei de meniuri și a timpilor de pregătire, sondaje de satisfacție din partea clienților și a angajaților.

- **Ziua 2:** Stabilirea cercului de calitate, brainstorming pentru a identifica principalele idei de îmbunătățire.

- **Ziua 3:** Punerea în aplicare a îmbunătățirilor și calcularea rezultatelor preliminare.

- **Ziua 4:** Punerea în aplicare a îmbunătățirilor și calcularea rezultatelor.

- **Ziua 5:** Finalizarea implementării îmbunătățirilor și calcularea rezultatelor finale. Debriefing, recompensă pentru cel mai bun angajat și feedback.

Etapa 2: Alegerea echipelor de lucru și a cercurilor de calitate

A doua etapă constă în alegerea echipelor de lucru. În mod normal, restaurantul are doar doi manageri, care sunt adesea ocupați în bucătărie, doi ajutoare de bucătărie și doi chelneri în sala de mese. Între timp, fiul managerului se ocupă de casa de marcat, de comenzi și de produsele de luat la pachet. Deoarece toată lumea este implicată, ei se reunesc pentru a forma un singur cerc de calitate. Tânărul ambițios, care a inițiat proiectul, se instruiește în tehnica Kaizen pentru ca proiectul să progreseze bine.

După o sesiune intensă de brainstorming, echipa reușește în cele din urmă să găsească un set de măsuri pentru a îmbunătăți situația. Din nefericire, nu toate problemele sunt rezolvate; cu toate acestea, ele sunt pur și simplu amânate pentru următorul proiect Kaizen. Mai jos este prezentată lista soluțiilor propuse, sortate pe baza categoriilor din diagrama Ishikawa.

Etapa 3: Punerea în aplicare și calcularea rezultatelor

Cea de-a treia etapă reprezintă nucleul proiectului. Odată ce îmbunătățirile au fost identificate, tot ce rămâne de făcut este să le aplicăm. Întrucât este vorba de mici schimbări progresive, nu de inovații majore, trei zile de implementare vor fi mai mult decât suficiente.

În continuare, este timpul să calculați rezultatele. Colectarea datelor poate dura câteva zile. Pentru a simplifica procesul, în această secțiune este prezentat un rezumat al rezultatelor obținute.

Etapa 4: Debriefing și feedback

În cele din urmă, The Tokyo Delight poate începe cea de-a patra și ultima etapă a proiectului Kaizen: faza de informare. Rezultatele arată că satisfacția angajaților a crescut cu 30%. Acesta este unul dintre principalele obiective ale abordării Kaizen. Proprietarii restaurantului au fost nevoiți să lase deoparte unele domenii de îmbunătățire, dar acestea vor fi abordate mai târziu, în cadrul unui alt proiect. Se speră că acest restaurant va lansa în curând un nou ciclu de îmbunătățire, astfel încât să își îmbunătățească continuu serviciile.

Cu toate acestea, rețineți că, în acest exemplu, având în vedere că ciclul de schimbare și posibilitățile de îmbunătățire sunt relativ reduse, nu a fost nevoie să se ofere îndrumare şi sprijin pentru lucrători. Cu toate acestea, este totuşi important să îi felicităm pe fiecare dintre ei şi să mulţumim echipei pentru implicarea lor. După cum s-a menţionat anterior, motivaţia rezultată este necesară pentru succesul viitoarelor cicluri Kaizen.

Concluzie

După cum am văzut, Kaizen poate fi aplicat la un exemplu foarte simplu precum cel pe care l-am ales. Deşi această metodă poate fi utilizată în majoritatea întreprinderilor, trebuie să ne amintim că cultura companiei contribuie în mare măsură la succesul unui proiect Kaizen.

În timp ce problemele întâlnite erau destul de generale şi ar fi putut fi rezumate ca o singură problemă globală de satisfacţie a angajaţilor, diagrama Ishikawa a permis identificarea diferitelor elemente ale problemei. Prin evidenţierea cauzelor şi, mai ales, prin prezentarea clară a acestora, această etapă a oferit o bază solidă de lucru. La aceasta se adaugă necesitatea de a monitoriza etapele pe tot parcursul proiectului, astfel încât acesta să se desfăşoare fără probleme. În cazul în care mai multe puncte de îmbunătăţire nu au fost încă abordate după primul proiect Kaizen, va fi posibil să se găsească soluţii adecvate în timpul unui Kaizen ulterior. De exemplu, în cazul lipsei de spaţiu în bucătăria de la The Tokyo Delight, ar putea fi o idee bună să se rearanjeze spaţiul fiecăruia pentru a împiedica angajaţii să se încurce între ei. Important este să nu uitaţi că îmbunătăţirea trebuie să fie continuă.

LIMITĂRI ȘI EXTINDERI

LIMITĂRI ȘI CRITICI

Deși Kaizen are avantaje de netăgăduit, a făcut obiectul mai multor critici. Principala critică la adresa acestei abordări care promovează îmbunătățirea mai degrabă decât inovarea este faptul că nu rezolvă toate problemele: perfecționarea constantă a unui produs, luând ca punct de plecare ceea ce a fost deja făcut și schimbat, nu permite corectarea tuturor lucrurilor. Uneori, este necesar să se pornească de la zero și să se reproiecteze întregul proces pentru a lucra de la o bază solidă.

Alte critici ale acestei abordări includ următoarele:

- În timp ce Kaizen permite îmbunătățiri ușoare, este important să fim atenți la schimbările "prea ușoare". În cazul în care o companie este în urma concurenților săi în ceea ce privește produsele și serviciile pe care le oferă, micile îmbunătățiri continue nu vor fi suficiente pentru a recâștiga rapid cote de piață. Dacă un concurent lansează un tip de produs nou și revoluționar, de exemplu, este probabil că va fi dificil să se aplice Kaizen unor produse care, în realitate, au devenit învechite, pentru a le face din nou competitive.

- Această abordare necesită o motivație puternică și, prin urmare, participarea deplină a tuturor celor implicați. În Japonia, conceptul de cultură de întreprindere este mult mai dezvoltat în această privință, iar relația dintre angajați și conducere este strictă și formală. Implicarea angajaților este spontană, motiv pentru care acest concept are succes acolo. Acest principiu nu este întotdeauna aplicabil în Occident. În cazul în care este utilizat, poate fi necesar un program de recompense și stimulente pentru a asigura succesul proiectului Kaizen.

- În cele din urmă, Kaizen poate fi contestat din punct de vedere etic, dacă este aplicat în mod incorect. Punerea în aplicare a Kaizen într-o întreprindere poate, prin îmbunătățirea lanțului de producție, creșterea productivității și creșterea competitivității, să conducă la o reorganizare internă (concedierea angajaților etc.). Aceasta este o împărțire inechitabilă a beneficiilor Kaizen. În mod logic, dacă o întreprindere devine mai prosperă, ar trebui să ofere o mai bună securitate a locurilor de muncă. Cu toate acestea, în practică, se întâmplă adesea contrariul: posturile care au devenit inutile sunt eliminate, ceea ce duce la concedierea lucrătorilor sau la realocarea acestora pe noi posturi mai potrivite pentru competențele lor.

MODELE ȘI EXTENSII CONEXE

Kaizen este adesea comparat cu două modele japoneze: Kaikaku, un instrument bazat pe inovare pentru schimbări radicale, și Hoshin, un instrument de implementare rapidă bazat pe Kaizen. În sens mai larg, Kaizen poate fi discutat, de asemenea, alături de taylorism și fordism, două tipuri de organizare a muncii.

Conceptul Kaikaku

Metoda Kaikaku, care, la fel ca şi Kaizen, îşi are originea în Japonia, este, de asemenea, utilizată pentru îmbunătăţirea calităţii. Denumirea sa, tradusă în mod obişnuit prin "schimbare radicală" a unui proces (adesea în producţie pentru a creşte eficienţa), nu mai reflectă o dorinţă de îmbunătăţire continuă, ci de inovare profundă. Deşi cele două filosofii sunt similare (în sensul că ambele se bazează pe îmbunătăţire), Kaikaku nu este o metodă continuă, deoarece schimbările sunt efectuate şi finalizate în cadrul unui proiect specific şi având în vedere un obiectiv anume.

Abordarea Hoshin

Însemnând "managementul direcţiei", procesul Hoshin este relativ similar cu Kaizen, cu diferenţa că este limitat în timp. Hoshin, numit şi Blitz Kaizen ("Kaizen fulger"), se bazează pe schimbări strategice foarte specifice care sunt implementate foarte rapid. În cele mai multe cazuri, scopul este de a răspunde într-un interval de timp limitat la o concurenţă semnificativă. Sistemul diferă de Kaizen, în special în ceea ce priveşte procesul de luare a deciziilor, care nu se mai face în cadrul unor grupuri de angajaţi împuterniciţi, ci la nivel de conducere.

Taylorism

Taylorismul este o organizare ştiinţifică a muncii, originară din Statele Unite, în care metodele şi mişcările lucrătorilor sunt studiate şi măsurate cu precizie pentru a le optimiza. Dezvoltat pentru prima dată de Frederick Winslow Taylor la sfârşitul secolului al XIX-lea, cu mult înainte de conceptualizarea Kaizen, sistemul urmăreşte creşterea câştigurilor prin optimizarea productivităţii şi îmbunătăţirea condiţiilor de muncă ale angajaţilor. În practică, acest lucru înseamnă că fiecare lucrător lucrează la sarcini simple, standardizate şi repetitive.

Fordismul

Acest sistem de organizare a muncii, care îşi ia numele de la industriaşul american Henry Ford (1843-1947), se bazează pe postulatele taylorismului şi a fost aplicat în fabrica Ford la deschiderea acesteia în 1905. Practic abandonat în zilele noastre, la vremea respectivă el viza producţia în masă de produse standardizate (cum ar fi celebrul Ford Model T), ceea ce a dus la munca în linie şi, în consecinţă, la o productivitate mai mare. Condiţiile de muncă pentru angajaţii Ford au fost întotdeauna dure şi greu de îmbunătăţit; doar salariile puteau servi drept sursă de motivare.

REZUMAT

- Kaizen este un proces de îmbunătăţire continuă introdus de Taiichi Ohno, un inginer japonez care este considerat părintele sistemului de producţie Toyota. Această filozofie pledează pentru managementul calităţii, reducerea deşeurilor şi îmbunătăţirea producţiei.

- Metoda Kaizen poate fi aplicată majorităţii companiilor şi permite îmbunătăţiri rapide şi minime într-o perioadă relativ scurtă de timp şi cu un buget limitat.

- Una dintre cele mai importante condiţii pentru succesul unui proiect Kaizen este motivaţia şi participarea tuturor lucrătorilor la proiect. Angajaţii, care sunt direct implicaţi, ar trebui să fie principalii participanţi la proiectul Kaizen şi la căutarea de soluţii adecvate.

- Aplicaţiile procesului în afaceri acoperă următoarele aspecte:

  - îmbunătăţirea calităţii;

  - eliminarea deşeurilor;

  - reducerea costurilor de producţie şi de întreţinere;

  - creşterea producţiei;

  - îmbunătăţirea condiţiilor de muncă.

- Kaizen permite utilizatorilor să implementeze schimbări limitate şi uşoare, ceea ce reduce presiunea resimţită de lucrători. Printre alte avantaje se numără viteza cu care sunt aplicate îmbunătăţirile şi sunt obţinute rezultatele. De asemenea, Kaizen ajută la menţinerea motivaţiei echipei şi la evitarea a cât mai multe riscuri (financiare şi tehnice), deoarece inovaţiile de lungă durată şi uneori incerte sunt eliminate automat. În cele din urmă, un proiect Kaizen de succes se bazează mai mult pe participarea activă şi pe mentalitatea pozitivă a angajaţilor decât pe investiţiile financiare.

- Criticii acestei abordări subliniază lipsa de inovaţie în cadrul schimbărilor, necesitatea unei culturi de întreprindere puternice şi distribuţia uneori inechitabilă a câştigurilor obţinute prin Kaizen (aspect social).

- Kaikaku, care înseamnă "schimbare radicală", este un concept care adoptă o abordare opusă Kaizen. Acesta se concentrează pe inovaţii profunde mai degrabă decât pe mici îmbunătăţiri.

- În cele din urmă, Kaizen este o abordare care are nevoie de alte instrumente pentru a funcţiona. Acestea, adesea derivate din sistemul de producţie Toyota, acţionează la nivelul managementului calităţii, al logisticii just-in-time, al reorganizării spaţiilor de lucru sau al întreţinerii maşinilor.

LECTURI SUPLIMENTARE

BIBLIOGRAFIE

Agence Nationale pour la Promotion de l'Innovation et de la Recherche au Luxembourg (2008) *Diagramme d'Ishikawa = diagramme cause-effet.* [Online]. [Accesat la 15 februarie 2017]. Disponibil la: < http://www.innovation.public.lu/fr/innover/gestion-innovation/resolution-probleme/diagrammeishikawa-fr.pdf>

Chaoui, K. (2004) *Le concept-clé du zéro défaut en qualité.* Annaba: Universitatea Badji Mokhtar.

Charraud, P. (2009) *Le Kaizen du service pièces en concession.* Paris: Télécom ParisTech.

Granger, R. (2016) Les 5S: Seiri, Seiton, Seiso, Seiketsu, Shitsuke. *Manager GO!* [Online]. [Accesat la 25 mai 2015]. Disponibil la: <http://www.manager-go.com/management-de-la-qualite/methode-5s.htm>.

HenryFord.fr (fără dată) *Toyotisme.* [Online]. [Accesat la 25 mai 2015]. Disponibil la: <http://www.henryford.fr/fordisme/toyotisme/>.

Hohmann, C. (fără dată) Kaizen amélioration continue. *Christian Hohmann.* [Online]. [Accesat la 25 mai 2015]. Disponibil la: < http://christian.hohmann.free.fr/index.php/lean-entreprise/lean-management/289-kaizen-amelioration-continue>.

Hohmann, C. (fără dată) La méthode SMED. *Christian Hohmann.* [Online]. [Accesat la 25 mai 2015]. Disponibil la: < http://chohmann.free.fr/lean/smed_fr.htm>

Ishikawa, K. (1984) *La gestion de la qualité*. Paris: Dunod.

Kamata, S. (2008) *Toyota, l'usine du désespoir*. Paris: Demopolis.

Liker, J. (2012) *Le modèle Toyota*. Paris: Pearson Education.

Ohno, T. (1990) *L'esprit Toyota*. Paris: Masson.

Ohno, T. şi Mito, S. (1992) *Présent et avenir du Toyotisme*. Paris: Masson.

Porter, L. J. şi Parker, A. J. (2006) *Total Quality Management. The Critical Success Factors (Factorii critici de succes)*. Bradford: Centrul de Management al Universităţii din Bradford.

Processus Qualité (fără dată) *L'approche Kaizen*. [Online]. [Accesat la 25 mai 2015]. Disponibil la: < https://processusqualite.wordpress.com/lapproche-kaizen/>

Régol, O. şi Bélanger, R. P. (2003) *Le Kaizen : ses principes et ses conséquences pour les ouvriers et syndicats*. Montreal : Les cahiers du CRISES.

VIDEOCLIPURI

Lean = Kaizen + Respect. (2012) [Video]. Michael Ballé. Institutul Lean France. Disponibil la: < https://www.youtube.com/watch?v=0fswK6ebrt8>

Lean Services: origini şi beneficii. (2013) [Video]. Marie-Pia Ignace. Institut Lean France. Disponibil la: < https://www.youtube.com/watch?v=aRQI9JAI-I4>

Vrem să auzim de la tine!
Lasă un comentariu despre biblioteca ta online
şi împărtăşeşte cărţile tale preferate pe reţelele de socializare!

Editorul asigură fiabilitatea informațiilor publicate,
care nu ar putea însă angaja răspunderea sa.

Master ISBN: 9782808600965
Hârtie ISBN: 9782808602419
Depozit legal: D/2022/12603/242

Design digital: Primento,
partenerul digital al editurilor.